Comte DE CHARENCEY

Guerre privée

et

Combat singulier

ALENÇON
IMPRIMERIE ALENÇONNAISE, 11, RUE DES MARCHERIES

—

1909

GUERRE PRIVÉE
ET
COMBAT SINGULIER

Extrait du *Bulletin de la Société Historique et Archéologique de l'Orne*

Comte DE CHARENCEY

Guerre privée

et

Combat singulier

ALENÇON
IMPRIMERIE ALENÇONNAISE, 11, RUE DES MARCHERIES
—
1909

Guerre privée et Combat singulier

Ce que nous avons voulu donner ici, c'est une simple esquisse concernant le droit de guerre privée tels que l'ont reconnu et pratiqué les sociétés primitives et sa conséquence naturelle, le combat singulier sous ses diverses formes. Nous n'avons en effet, nullement prétendu, dans ce court mémoire, traiter à fond une matière qui eût exigé plusieurs volumes. Peut-être le lecteur s'intéressera-t-il à voir rassemblés ici des renseignements concernant un grand nombre de peuples et d'époques différentes. Ces renseignements ont été recueillis, d'ailleurs, dans une foule d'ouvrages que l'on a pris soin de citer et qu'il ne serait pas toujours facile de consulter. Notre mémoire sera divisé en trois paragraphes concernant, le premier, le droit de guerre privée et le second, le duel volontaire. Dans le suivant, l'on traitera du duel forcé. Enfin viendra en dernier lieu l'étude du suicide par défi, lequel peut passer pour une sorte de transformation du combat singulier.

I. — DU DROIT DE GUERRE PRIVÉE

Un des résultats les plus naturels à la fois et les plus importants du développement de la vie sociale, c'est l'extension du rôle assigné aux pouvoirs publics, en tant que protecteurs des intérêts aussi bien généraux que privés. Il méritera de passer pour réellement avancé en civilisation, le peuple chez lequel administration et tribunaux fonctionnent avec assez de zèle et d'impartialité pour mériter la confiance de tous, pour que le droit du particulier à se faire justice lui-même se trouve, sans trop d'inconvénient, renfermé dans des limites aussi étroites que possible. En revanche, plus l'état d'une société est rudimentaire, plus aussi l'initiative individuelle voit s'étendre le cercle de ses attributions et cela au détriment de l'action publique. Cette dernière finit quelquefois par se trouver complètement annihilée. Tel serait le cas notamment pour les Sékanais de l'ouest de la Nouvelle-Bretagne. Ces indiens, affirme-t-on, n'admettent ni chefs ni autorité quelconque (Voy. R. P. Morice, *A First Collection of minor essays : The Western dennès*, Quesnel, Stuart's lake mission, 1902). Chez eux, chacun agit à sa guise, exerce ses vengeances comme il l'entend, ne connaissant d'autre frein que la voix de sa conscience et plus encore la crainte des représailles.

Ajoutons qu'une réalisation aussi complète de l'idéal anarchique se présente rarement. D'ordinaire, même chez les tribus les plus sauvages, apparaît au moins un rudiment d'organisation judiciaire. Distinction est faite entre les crimes publics que réprime l'autorité et ceux d'un caractère privé dont le châtiment ne regarde que les intéressés. D'ailleurs, les méfaits commis sur l'étranger ne donnant lieu chez elles à aucune poursuite régulière, le citoyen jouit d'une assez grande latitude en ce qui concerne le droit de guerre privée, autrement dit d'assassinat. Rappellerons-nous la façon dont les choses se passent chez les Australiens du Sud-Ouest, lesquels unissent de façon si étrange, un état de profonde sauvagerie à certains développements économiques et sociaux (1), qu'on serait presque porté à voir en eux, les restes dégénérés de races jadis plus policées. Leur code ou plutôt les coutumes qui, pour eux ont, force de loi édictent la peine capitale contre le rapt, l'adultère, certains vols d'importance majeure. Encourt

(1) Non seulement, chez ces hommes, le nombre des méfaits donnant lieu à l'action publique apparaît plus considérable qu'il n'était, par exemple, chez les Germains, mais encore la propriété foncière est régulièrement constituée. Chaque parcelle de la forêt constitue le patrimoine d'un indigène qui peut en interdire l'accès à tout venant. (Voy. Mgr Salvado, *Mémoires historiques sur l'Australie, traduction de* M. l'abbé Falcimagne, chap. IV, p. 265, p. 265 ; Paris 1854). A cet égard, ces pauvres sauvages se montrent plus avancés que n'était le Germain du temps de Tacite, que ne l'est aujourd'hui même le paysan Russe, soumis au régime de la collectivité et simple usufruitier du sol par lui cultivé, puisque c'est le *mir* ou commune qui est réellement propriétaire. On avouera que ces Mélanésiens ont des raisons particulières pour traiter en ennemi et en spoliateur, le colon Anglais, lequel leur vient ravir un terrain par eux détenu à titre individuel, et encore sans leur offrir la moindre indemnité.

le même châtiment, celui qui a frappé un chef, l'a fait tomber dans une embûche, s'est introduit auprès de ses femmes en son absence. (Voy. M. Perron d'Arc, *Aventures d'un voyageur en Australie*, chap. XVII ; p, 23 ; Paris, 1869.) Quand il s'agit de larcins de moindre importance, le délinquant en est quitte pour un certain nombre de coups de sagaie aux bras ou aux jambes. Après cela, sans doute, on ne pourra que s'étonner en voyant le tribunal indigène se désintéresser absolument du meurtre privé ; la vengeance se trouve exclusivement ment remise aux parents du mort. C'est qu'il y a là une question d'honneur en jeu. La famille entière ne peut tarder à frapper le coupable sous peine d'encourir le reproche de lâcheté et se serait lui témoigner une défiance vraiment injurieuse que de prétendre se substituer à elle. N'est-ce pas le même sentiment qui a inspiré le législateur Hébreu en ce qui concerne le Gohel ou rédempteur. Il pousse même le soin jusqu'à déterminer dans quelles conditions, le droit de vengeance lui sera, par exception, interdit (Voy. Nombres, chap. XXVI, verset 19 et Deutéronome, chap. XIX, verset 1 et suiv.). Il ne manquait cependant pas en Israël de tribunaux réprimant des méfaits moindres que l'assassinat. Si donc Moïse abandonne aux parents de l'homme tué, le soin de poursuivre et de châtier son meurtrier, c'est qu'en définitive, d'après les idées de l'époque, ce dernier leur appartient de droit et nulle autorité n'a qualité pour le leur ravir. En versant son sang, ils rempliront un devoir de conscience.

Pour en finir avec nos Australiens, il est une autre circonstance encore où l'homicide passe à leurs yeux pour une action permise ou même méritoire. Suivant eux, quiconque ne meurt pas de mort violente est victime d'un sortilège. En conséquence à peine un des leurs a-t-il fermé l'œil, ils se livrent à des opérations magiques pour savoir dans quelle direction chercher le sorcier malfaisant ou *Malgaradock* qui a ravi un parent à leur affection et doit appartenir nécessairement à une tribu étrangère (Voy. Mgr Salvado, *Ubi suprà* ; chap. XI, p. 332 et suiv.). Sitôt qu'ils se jugent suffisamment renseignés, on les voit se mettre en campagne. Le délinquant reste-t-il introuvable, on se dédommage en tuant un ou plusieurs de ses contribules (1). Tout le monde, d'ailleurs, d'applaudir à une façon d'agir si humaine et si logique à la fois.

Regagnons maintenant notre hémisphère et transportons-nous chez les Germains du second siècle de notre ère.

Malgré l'absence de témoignages formels, on ne saurait guère douter qu'ils n'admissent, dès lors, le droit de guerre privée. Son existence est présupposée par ce jugement de Dieu qui apparaît dans les lois des Francs, Burgondes et Lombards, et n'en constitue, en quelque sorte, qu'un développement. D'ailleurs, dans l'énumération des crimes qu'avaient à punir, leurs assemblées générales, ne figurent guère, au dire de Tacite, que ceux qui pouvaient porter préjudice à la tribu toute entière. Ainsi nous les voyons (*de Moribus Germanorum* : § 12) prescrire la pendaison pour les lâches, les traîtres, ceux qui refusent d'aller à la guerre et condamner les hommes de mœurs notoirement infâmes à être noyés dans des bourbiers ou marécages. Serait-il téméraire d'inférer de là que le châtiment d'autres méfaits se trouvait réservé à la justice des particuliers ? L'auteur latin nous parle, il est vrai, de fautes moins graves, et qui se rachetaient au moyen d'une amende (Voy. *de Morib. Germ*, loco citato). Suivant toute apparence, il s'agit de la composition ou *wehrgeld* dans le paiement duquel l'assemblée n'avait pas à intervenir directement.

(1) Par ces meurtres, les Australiens entendent tout d'abord attester leur affection pour la personne au nom de qui ils les commettent, c'est ainsi qu'un sauvage guéri par les pères de la mission de la Nouvelle-Nursie, s'engagea, si l'un d'eux mourait, à tuer au moins six noirs, comme témoignage de regret. On lui conseilla, naturellement, de passer sa fureur de destruction sur des kangourous. Un autre motif les engage encore à verser le sang de leurs semblables, c'est la persuasion que cette effusion leur est utile à eux-mêmes. Ainsi chez les naturels de la terre du Roi-Georges, quand un homme est malade et se sent en danger de mourir, il tâche de sauver sa vie en massacrant le premier venu. Nous découvrons là une conséquence de cette croyance à l'effet utile des souffrances infligées au prochain, source des sacrifices humains et parodie, pour ainsi dire, du dogme chrétien de la reversabilité des mérites. Ainsi, en Gaule, nous dit César, les personnes attaquées de maladies graves (Voy. *de Bello Gallico*, liv. VII, § XV) immolent des victimes humaines. Parfois pour obtenir la guérison d'un chef, l'on remplit d'hommes vivants d'énormes mannequins, auxquels on met le feu. Les infortunés périssent étouffés par la flamme. Un adoucissement à cette horrible pratique se remarque chez certaines populations chrétiennes d'Ethiopie. Quand un homme meurt, on lâche un bœuf qu'on crible de blessures. Par là on croit apaiser la colère divine et racheter les péchés du défunt.

Quoi qu'il en soit, avec le progrés de la civilisation, le droit de guerre privée finit par se trouver astreint à l'observation de certaines règles permettant de le distinguer nettement de l'assassinat pur et simple. Dans l'ancienne législation Japonaise, p. ex., celui qui avait une vengeance à exercer devait en aviser le tribunal et marquer quel laps de temps il lui fallait pour l'accomplir. Négliger cette double formalité, l'eût exposé à être puni comme meurtrier. De même, aujourd'hui, encore en Corse, frapper un ennemi qui n'aurait pas préalabrement été *dichiarato*, c'est-à-dire prévenu du sort qu'on veut lui faire subir, serait tenu pour un acte déshonorant. Il va sans dire que la déclaration régulièrement annoncée, confère à votre ennemi le même droit sur votre vie que vous vous arrogez sur la sienne. Les choses se passent, dit-on, d'une façon analogue chez beaucoup de tribus de l'Arabie, mais nous manquons de documents précis à cet égard.

Enfin, un dernier progrès consistera dans la transformation de cette guerre individuelle en combat singulier ou duel. Nous consacrerons à son étude, les pages qui vont suivre. Ajoutons toutefois que les duels se peuvent repartir en deux classes suivant qu'ils sont volontaires comme l'était le jugement de Dieu, ou forcés, ainsi que les combats de gladiateurs. Une troisième section sera consacrée aux suicides par provocation, lesquels constituant en définitive, moins des duels que des actes de défi.

II. — DU DUEL VOLONTAIRE

Il se présente sous deux formes bien tranchées et peut être soit un acte de guerre, soit un simple moyen de procédure. Examinons-le sous son double aspect.

A. — Duel guerrier. — Il n'a, autant que nous nous le rappelons, jamais été condamné par l'Eglise, du moins en principe, puisqu'elle admet la légitimité du droit de guerre dont il découle. Ajoutons, au reste, que l'on y a rarement recours chez certaines races restées à un stage très inférieur de développement aussi bien qu'aux époques de civilisation très avancées. Pour les sauvages de l'Amérique du Nord, par exemple, la guerre constitue une véritable chasse. La nature seule du gibier les différencie. Préférant la ruse à la force ouverte, l'indien scalpeur s'occupe surtout de surprendre son ennemi (Voy. Nicolas Perrot, *Mémoire sur les mœurs des sauvages de l'Amérique septentrionale,* publié par le R. P. Tailhan, p. 206, en note). Son but en entrant en campagne, c'est, somme toute, de recueillir des chevelures, non de risquer la sienne et il ne lui viendrait pas plus à l'idée d'avertir son adversaire qu'au chasseur de mettre en garde les bêtes qu'il poursuit.

Au contraire, le point de vue se modifie chez les sociétés à demi policées. La force physique, le courage individuel, contribuent alors plus à assurer la victoire que le savoir faire du stratégiste, aussi ces qualités sont-elles encore à peu près les seules réellement appréciées. Le guerrier jaloux d'en faire parade ne voudra attaquer son adversaire qu'après lui avoir laissé le temps de se préparer. Du reste avec un savant religieux (R. P. Ch. de Smet, *Les origines du duel judiciaire,* p. 233 et suiv. du *Compte-rendu du 3e Congrès scientifique des catholiques, section historique,* Bruxelles 1895). nous reconnaîtrons deux sortes de duels guerriers suivant leur caractère général ou privé :

1o *Duel conventionnel public.* C'est d'après la définition du R. P. de Smet que nous reproduisons ici :

« Un combat singulier entre deux chefs d'Etat ou d'armées « ennemies ou entre deux champions respectivement choisis « par eux, à la suite d'une convention par laquelle ils se sont « engagés à reconnaître comme victorieux et conséquemment « comme en droit de revendiquer les avantages de la victoire, « la nation ou l'armée dont le champion aura vaincu son « adversaire. » L'exemple le plus frappant en serait peut-être la lutte des trois Horaces contre les trois Curiaces et qui (Voy. Tite-Live, *décades,* liv. 1er; § XXIV et suiv.) amena la soumission d'Albe la Longue à Rome, si elle pouvait à proprement parler être qualifié de duel. En tous cas, c'est bien un duel de la nature de ceux dont nous parlons que celui de Ménélas et de Pâris (*Iliade,* chant 3, vers 250 et suivant.) En le prescrivant, Agamemnon lui avait donné comme sanction la remise d'Hélène et de ses richesses au vainqueur, ainsi que la fin de la guerre entre Grecs et Troyens. Ajoutons d'ailleurs qu'il n'eut pas de résultat, Vénus étant arrivée en personne enlever Pâris du champ de bataille. Faisons observer que malgré le vœu émis par tant de penseurs et écrivains philanthropes qu'on vidat toutes les querelles entre nations en forçant les chefs d'Etat à s'entretuer à la place de leurs soldats, une telle pratique ne semble pas prête à être adoptée. Rappelons-nous l'exemple de l'empereur Héraclius, proposant au roi de Perse Cosroës de terminer les hostilités en se battant contre lui. Le monarque accepta pour la forme, mais envoya un de ses officiers revêtu des vêtements royaux combattre à sa place. Nous voyons encore (*L'esprit des usages et des coutumes des différents peuples*, T. 2e, chap. IX, p. 69 et 70, Londres 1785) Henri, roi d'Angleterre, refuser le Cartel de Louis-le-Gros et Charles-Quint, celui de Francois Ier. Christian de Danemarck se contenta de répondre à une proposition de combat singulier que lui faisait Charles X de Suède ; « qu'à l'égard de son défi, c'était une « preuve du besoin qu'il avait d'ellébore pour se purger le « cerveau. » L'exemple des rois Gothiques, dit-on, ne refusant pas de croiser le fer, à l'occasion, avec de simples particuliers n'a guère trouvé, jusqu'à ce jour, d'imitateurs parmi les têtes couronnées.

2o *Duel par defi*. C'est celui qui résulte de la provocation qu'adresse, en vertu d'un acte de seule volonté, tel guerrier à tel autre, du camp opposé. Rappelons à ce propos l'histoire de David et de Goliath (Voy. *Rois* ; liv. 1er, chap. XVII). Homère nous fournira d'autres exemples d'un tel genre de combats, notamment ceux d'Ajax et d'Hector (*Iliade*, liv. VII, vers 17 et suiv.), d'Achille et d'Enée (*Iliade*, liv. XX ; vers 179 et suiv.) L'Espagne Celtique a connu également le duel par défi. Citons à preuve ce qui se passa, en l'an 151 d'avant notre ère, au siège d'Intercalia, cité de Vaccéens, peuplade Celtibérienne, par les Romains. Un des assiégés, remarquable par sa haute stature provoqua, à plusieurs reprises, celui des ennemis qui aurait le courage de se mesurer avec lui. Enfin, (Voy. Polybe, l. XXV, chap. 5, § 2, éd. Didot, T. II, p. 123) Scipion, le futur vainqueur de Carthage, se décide à relever le défi et met l'Espagnol à mort.

Chez nos vieux paladins, ce genre de lutte apparaît fréquent. Mentionnons les combats singuliers de Roland et d'Aelroth, de Fausseron et d'Olivier, de l'archevêque Turpin et de Corsablis (Voy. L. Gautier, *La Chanson de Roland,* vers 1197, 1224, 1243 et suiv. ; XVIe édition, Tours 1887). N'a t-on pas, du reste, pu dire avec vérité que les combats de ce temps-là, tout comme ceux de l'époque Homérique, ne consistaient guère qu'en des séries de duels ?

B. — DUEL JUDICIAIRE. — C'est celui qui est prescrit ou du moins admis par la loi soit pour terminer un différend d'ordre privé, soit pour procurer le châtiment d'un crime commis par un particulier. En cela, il se distingue du précédent qui a pour but l'apaisement d'une querelle de peuple à peuple. Son usage remontrait, fait observer M. d'Arbois de Jubainville (Voy. *les Celtes en Espagne* ; § 41 ; p. 367 et suiv. du T. XIV de la revue Celtique, Paris 1893), à la période Indo-Européenne primitive. C'est que chez les hommes de cette époque, il n'y avait de juridiction obligatoire, que pour les crimes contre l'Etat « Les contestations, observe le « docte Celtisant, sont tranchées par les armes, quel que soit « l'objet du litige, toutes les fois que les deux parties ne « s'entendent pas sur le choix d'un arbitre ». Reconnaissons dans cette institution, un essai de réglementation du droit de guerre privée. Ici du reste, une division dichotomique nous semble encore s'imposer. Ne confondons pas, en effet, le duel purement litigieux, dans lequel le vaincu n'est pas tenu pour coupable envers devant la divinité ni par suite, puni comme tel et le *Jugement de Dieu* ou la partie qui succombe ayant pris le ciel à témoin de son bon droit, s'expose au châtiment que mérite son sacrilège.

1° *Duel litigieux.* Ce genre de combat a existé chez certaines populations européennes, tant de l'antiquité que des temps modernes. On l'a signalé notamment chez les vieux Ombriens, habitants du pays connu depuis, sous le nom de Romagne, et auxquels on a voulu, mais sans preuve suffisante, croyons-nous, attribuer une origine Celtique. Voici ce que nous rapporte Nicolas de Damas, d'après Stobée (serm. XIII) : « Lorsque les hommes (de cette

« contrée) ont des démélés entre eux, ils se munissent de « leurs armes et combattent les uns contre les autres, ainsi « qu'ils feraient à la guerre. Celui-là est considéré comme « ayant pour lui le bon droit qui donne la mort à son adver- « saire ». C'est presque, remarque à ce propos Duruy (*Histoire des Romains et des peuples soumis à leur domination* ; T. Ier, chap. II, p. 33, Paris, 1843). le duel judiciaire du Moyen-Age. Ajoutons toutefois que ce genre de procédure devait parfois donner en Ombrie, lieu non seulement à des duels, mais à des combats d'un nombre plus ou moins considérable de personnes, les unes contre les autres.

Sans doute, chez les Romains, dès une époque assez reculée, les choses se passèrent un peu autrement. Nous devons tenir compte du caractère en quelque sorte hiératique que revêtaient chez eux les formules légales et les chicanes de la procédure, et puis l'habitude des combats de gladiateurs leur faisait considérer d'un œil de dédain toute bataille entre particuliers, le sang du citoyen ne devant être répandu qu'à la guerre. Cependant l'antique mode de procéder appelé *actions de la loi* et dont Cicéron se moque dans son *Oratio pro Murena* (Voy. Michelet, *Histoire Romaine*, T. Ier, chap II, p. 145 et en note, p. 359 *éclaircissements*) porte des traces d'un état de choses plus primitif. L'*Actio sacramenti* ou réclamation de la propriété quiritaire ne s'explique guère, que par l'hypothèse d'un duel prescrit à l'origine par autorité de justice, le rôle du tribunal se bornant à décider en faveur du vainqueur : L'on voyait, effectivement (Ortolan, *Explication historique des Instituts* ; liv. 4 ; t. 2 ; p. 427), chacune des deux parties, armée d'une baguette, *festuca, vindicta*, laquelle était censée représenter une lance, procéder d'abord à la *manuum consertio* ou saisie de l'objet contesté, en déclarant qu'il lui appartenait, puis venait un combat simulé qui primitivement avait dû être réel et à la suite duquel le magistrat rendait son arrêt. Ajoutons que s'il s'agissait d'un bien-fonds, les plaideurs étaient sommés de se rendre sur les lieux pour en rapporter une motte de terre. Plus tard au reste, ce voyage deviendra, lui aussi, fictif. On le remplacera par la formule du préteur *Inite viam* ; *redite viam* qui devait, en tous cas, précéder le prononcé du jugement.

Les populations de la race Celtique se sont, on le sait, toujours distinguées par leur goût pour les combats singuliers. Aussi trouverons-nous, par exemple, chez les Celtibères, l'exemple d'un duel (Tite-Live, l. XXVIII, chap 81) livré pour régler une question de succession au trône. Les pères de Corbis et d'Orsua étaient frères et avaient régné l'un après l'autre, par ordre de primogéniture sur la nation des Celtibères. Il s'agissait de savoir lequel des deux fils devait succéder au premier mort des deux frères. Le père de Corbis, en sa qualité d'aîné, avait régné le premier. C'est son cadet, le frère d'Orsua, qui lui succéda. Orsua prétendit que le trône se trouvait compris dans l'héritage que son père lui transmettait. Tel n'était pas l'avis de Corbis, plus âgé que son cousin germain. Il entendait exercer le droit d'aînesse, ainsi que son père lui en avait donné l'exemple. Scipion essaya en vain de jouer le rôle d'arbître. « Nous ne voulons, dirent les deux princes, d'autre juge que le dieu de la guerre ». Corbis, qui l'emportait en vigueur sur son concurrent, tua ce dernier en combat singulier. C'est de la sorte qu'il conquit le pouvoir suprême. On peut, il est vrai, discuter ici le point de savoir s'il s'agissait, dans l'espèce, d'un duel litigieux ou simplement privé.

Ce qui n'est pas contestable, en tout cas, c'est la ténacité avec laquelle, sur ce point, comme sur d'autres encore, l'Irlande s'est montrée conservatrice des vieux usages. Jusqu'au XVIIe siècle de notre ère, par exemple, le duel litigieux continue à être en cette île, le principal moyen de terminer les contestations entre particuliers.

On ne saurait douter, nous le verrons tout à l'heure, qu'il n'ait été, du moins à l'origine, en vigueur également chez les Germains.

Toutefois, l'influence chrétienne tendra à le transformer d'une façon bien marquée. Il va revêtir un caractère en quelque sorte plus religieux. C'est ce qui sera exposé à l'instant.

2° *Jugement de Dieu.* Bien que ressemblant assez au précédent, il nous paraît en différer toutefois, en un point essentiel, à savoir l'importance attachée au serment que prêtent les parties, Force leur est de prendre Dieu à témoin de leur bon droit. Aussi une peine se trouve-t-elle de ce chef infligée au vaincu. N'est-il pas, en raison même de sa défaite, reconnu coupable de parjure par la divinité elle-même ?

Ainsi que le fait observer le R. P. de Smet, (Voy. les *origines du duel judiciaire*, p. 336 du T. LXIII des *Etudes religieuses* ; Paris 1894), ce mode de procédure ne commence à apparaître que dans les législations des peuples d'origine germanique et cela postérieurement à l'époque de leur conversion. Le plus ancien exemple connu en serait fourni par la loi Gombette ou code des Burgondes, qui date des débuts du VIe siècle après J.-C. Il accorde, sans doute, à l'accusé, le droit de se justifier par serment, mais à une double condition toutefois, qu'il puisse fournir en sa faveur, suivant les circonstances, onze ou douze témoins choisis parmi ses plus proches parents et d'ailleurs, que le plaignant consente à accepter leur dire ; s'il le repousse avant que les juges qui doivent se trouver au nombre de trois et leurs délégués soient entrés dans l'église, alors le combat est de droit. L'un des témoins qui a offert le serment se trouve tenu de soutenir ses allégations, les armes à la main. S'il succombe, tous ceux qui se sont présentés avec lui sont condamnés à une amende de trois cent sous. Sera également passible de la même peine celui qui aura conseillé au champion malheureux de se battre. Impossible de ne pas reconnaître dans ce mode de procédure une réglementation de l'ancien droit de vengeance privée. C'est que les mœurs se sont adoucies dans une certaine mesure. L'on commence à estimer défectueux le procédé consistant à égorger, sans plus de cérémonie, le personnage dont on croit avoir à se plaindre, fût-ce au risque de représailles. Il s'agit donc de trouver un moyen un peu moins radical de ramener l'harmonie dans la société.

Toutefois, comme le fait observer le savant Jésuite, (*Loco citat*, p. 241 et suiv.), les crimes de droit privé, y compris l'homicide pur et simple, échappaient chez les Germains, à l'action publique. Seuls, les particuliers avaient qualité pour le punir. Sans doute, des magistrats étaient nommés par l'assemblée générale pour aller rendre la justice dans tout le territoire de la tribu, avec le concours d'un jury pris sur place. Toutefois, les pouvoirs de ces fonctionnaires restaient fort limités. N'ayant point droit de trancher les différends, leur rôle se bornait à tâcher d'amener les parties à composition. En recevant de l'inculpé, le *Wehrgeld* ou amende consistant d'abord en chevaux ou en bétail, plus tard en argent le défendeur ou offensé renonçait à son droit de vengeance et la paix se trouvait rétablie. D'autre part, la composition pouvait toujours être refusée et alors il ne restait plus d'autre moyen de terminer le différend que le combat singulier. C'était le seul mode de défense légale reconnu et l'Eglise, nous le verrons tout à l'heure, malgré une répugnance bien facile à comprendre, se trouva obligée de le tolérer.

D'autre part, l'action intentée étant d'ordre purement privé, le magistrat n'avait pas à s'inquiéter de trouver des témoins. Il n'aurait eu aucun moyen de les forcer à comparaître. C'était le défendeur auquel ce soin incombait. Si la loi exigeait le témoignage des proches de celui-ci, c'est-à-dire de gens souvent disposés à le disculper même sans motif suffisant, c'est, précisément, qu'ils pouvaient se trouver contraints à livrer combat. Imposer une pareille obligation à des étrangers eût semblé exorbitant. Naturellement, on devait s'en tenir aux parents, c'est-à-dire à ceux qui, sans doute, d'après la coutume primitive, étaient chargés de venger l'homme de leur sang.

Un point sur lequel nous ne saurions accepter sans quelque réserve l'opinion du R. P. de Smet, c'est celui qui concerne l'influence des idées chrétiennes sur cette législation. Sans aucun doute, le combat singulier n'a jamais été vu d'un bon œil par l'Eglise qui dut le tolérer cependant, dans une assez large mesure, pour les pays où nul autre moyen n'existait de se faire rendre justice. Du reste, il n'est pas admis par le code des Goths d'Italie et d'Espagne, les plus policés des envahisseurs, non plus que par celui des Anglo-Saxons compilé par Ethelred ; mais, précisément, nous savons quelle fut chez ces peuples l'action du clergé au point de vue législatif.

Peut-être n'en serait-il pas moins permis de reconnaître dans l'importance attribuée au serment, l'obligation de le prêter dans une église, enfin dans la sanction pénale qui atteignait le prétendu parjure, autant de traces de Christianisme. Rien d'analogue ne se rencontre à l'époque païenne et il semble bien naturel d'ailleurs que les conquérants des Gaules, en se convertissant, aient voulu placer, pour ainsi dire, les vieilles lois et coutumes auxquelles ils n'entendaient pas renoncer, sous la protection de leur foi nouvelle.

Quoi qu'il en soit, étant données les mœurs des barbares, cette garantie tirée de la parole donnée constituait, il faut en convenir, un moyen bien défectueux d'arriver à la connaissance de la vérité. Ceux que le juge faisait comparaître devant lui et interrogeait, c'étaient, nous l'avons dit, les parents du défendeur, mais précisément, nous dit Tacite, aux yeux, des Germains, c'est (*de Morib. German.* § XII), « un devoir « d'épouser les querelles d'un père ou d'un proche, aussi bien que ses amitiés ». Lors donc que l'inculpé trouvait la composition trop difficile ou trop désagréable à payer, il faisait attester son innocence par les siens. Il n'y avait pas lieu de craindre que ceux-ci refusassent de le défendre, fut-ce au prix d'un parjure. Procéder autrement, eût presque passé pour un acte de félonie, tout au moins pour un fort mauvais procédé et très indélicat. N'en soyons pas trop surpris. Il faut bien savoir se mettre à la place des gens. S'agit-il, par exemple d'apprécier l'esprit et les façons d'agir d'une nation, ce sont ses idées souvent étranges sur le point d'honneur que l'on doit considérer plutôt que la manière de comprendre la vertu *in abstracto*? Ne sait-on pas que chez les Higlanders d'Ecosse, aller enlever le bétail des habitants du Bas pays passait pour une véritable prouesse dont on ne parlait que pour s'en vanter? De même, en ce qui concerne les Bédouins des déserts d'Arabie (B. Poujoulat, *Voyage dans l'Asie Mineure*, etc, t. II, lettre XXVI, p. 68 et lettre XXVII, p. 94 et suiv.; Paris 1841). Ces asiatiques, qui regarderaient comme un affront que l'on parlât de reconnaître à prix d'argent leur hospitalité, seront très flattés si on les proclame experts en l'art de détrousser les gens. Leur lexique lui-même reflète cette façon d'envisager les choses et ils déclarent avoir gagné un cheval ou chameau, pour faire entendre qu'ils l'ont dérobé. Enfin, au Monomotapa, deux des principaux titres décernés au roi (voy. *l'Esprit des usages et des coutumes*, tome Ier, chap VI, p. 5) sont ceux de *Grand voleur et grand sorcier*. Mais autres pays, autres préjugés. En Chine où la respectabilité d'un homme se mesure aux preuves de dévouement et de respect qu'il prodigue à ses parents, les actes les moins justifiables auxquels ces vertus servent tout au moins de prétexte, perdent beaucoup de leur gravité. On les tient presque pour dignes d'éloge (voy. P. Dabry de Thiersant, *La piété filiale* en Chine, p. 105, 117, 151 et suiv. dans la *Bibliothèque orientale elzévirienne* ; Paris, 1877). Dans le Céleste Empire, un larron lui-même ne sera pas trop déconsidéré si son larcin, par exemple, a pour excuse le désir de venir en aide à son père ou à sa mère. Enfin, n'avons nous pas vu plus haut l'assassin tenu chez les Corses pour un fort galant homme, dès lors qu'il n'a tué son prochain qu'après l'avoir prévenu ?

Ajoutons, d'ailleurs, que ce qui devait contribuer dans une certaine mesure à mettre en repos la conscience des faux témoins, c'était ce droit reconnu chez les populations germaniques de repousser leurs allégations et d'en appeler au seul mode de procédure digne d'un guerrier, à savoir le duel. Si le plaignant n'avait pas le courage de se battre, c'est que ce n'était pas vraiment un homme et il n'y avait pas à se gêner avec lui.

Aussi, Gondebaud, le roi législateur de la Bourgogne qui ne se méprenait guère sur la tournure d'esprit de ses compatriotes, expose-t-il en termes d'ailleurs assez peu voilés que son principal motif pour maintenir le combat judiciaire, ça été la crainte des faux témoignages (voy. R. P. de Smet, *loco citato*, p. 235).

Notre intention étant d'ailleurs de donner une idée générale des législations germaniques sur le point qui nous occupe et non de les étudier en détail, nous nous bornerons à mentionner une disposition assez bizarre de celle des Frisons. Dans les pays situés entre Laubach et la Weser, lorsqu'un homme était tué dans une bagarre, sans que l'on pût reconnaitre le meurtrier, le proche parent du mort ayant droit de demander la composition du sang versé, pouvait accuser du meurtre, un individu quelconque qui se trouvait dans la foule. Ce dernier à son tour, pour se justifier, était tenu aussitôt de désigner une autre personne, n'importe laquelle, comme le vrai coupable. Un duel devait enfin terminer le débat. Cela ne nous rappelle-t-il pas un tant soit peu, le procédé Australien dont nous avons parlé plus haut et qui consiste à aller venger la mort d'un compatriote par celle d'un homme d'une tribu différente, sans s'inquiéter d'ailleurs de sa culpabilité ?

Le combat judiciaire continue à rester en vigueur sous les Carolingiens. C'est à tort, observe le R. P. de Smet, que l'on a représenté Charlemagne comme persuadé de l'infaillibilité de ce moyen de procédure. Le grand monarque qui, sans doute, n'osait le supprimer, de peur de rompre trop ouvertement avec les habitudes de la nation Franke, se borne à déclarer qu'une cause terminée par ce moyen ne sera plus susceptible d'appel. Cela signifie, en d'autres termes, qu'il n'y a pas lieu de revenir sur une affaire définitivement jugée. Mais n'est-ce pas là un principe forcément admis en tous pays.

La société féodale était trop empreinte d'esprit germanique pour ne pas avoir admis le jugement de Dieu. On ne le rencontre en aucun temps plus fréquent qu'au XIIe siècle et cela tant en France qu'en Allemagne, en Italie. Il se retrouvera rétabli, ce qui semble plus étrange, en Angleterre, après l'invasion normande. Il y avait, effectivement, pour cette contrée, retour à un antique usage aboli depuis des siècles. Ainsi que nous l'avons dit plus haut, le combat judiciaire avait déjà cessé de figurer dans la législation Anglo-Saxone. Au reste, non seulement le recours à ce mode de procédure tend alors à se généraliser, mais encore on l'emploie dans un grand nombre de cas où vraisemblablement l'habitude n'avait pas encore été prise de l'appliquer. Ainsi en France, une dette, quelque minime qu'elle fût, pouvait donner lieu au combat judiciaire et il fallut que plus tard, on en fixât le montant à douze deniers pour le moins. L'empereur d'Allemagne, Othon II, qui régna de 973 à 982, l'établit de son côté, pour toutes les contestations foncières (Hallam, *l'Europe au Moyen-Age* ; Trad. de A Borghers et P. Desdouits, T. Ier, p. 270 et suiv., chap. II, p. 271, *en note* ; Paris, 1837). Il servit même â trancher un point de jurisprudence, à savoir si, en ce qui concerne la succession d'un grand-père, l'enfant d'un frère aîné devait être préféré à son oncle.

Toutefois, dès les débuts du XIIe siècle, sinon avant, force mesures avaient été prises pour réglementer un tel mode de procédure dont les inconvénients devenaient de jour en jour plus sensibles. Voici, d'une façon générale, comment les choses se passaient au moment où Saint-Louis monta sur le trône (1226).

Il fallait tout d'abord qu'il s'agît soit d'un crime non susceptible de preuve certaine ou d'une question de droit civil à fixer. Les deux parties entre lesquelles le combat pouvait être adjugé avaient à se présenter devant le comte ou seigneur, et après avoir exposé ses griefs, le plaignant jetait son gage. C'était d'ordinaire un gant ou gantelet que l'adversaire devait ramasser et échanger contre le sien, comme preuve qu'il acceptait le défi. Les deux parties étaient alors retenues dans la prison seigneuriale, jusqu'au jour du combat, à moins que des *gens de bien* nous dit Allou, ne répondissent d'eux, sous les peines encourues par le délit en question. C'était ce que, dans le langage du temps, on appelait la *vive prison*.

Au jour assigné à *faire la bataille*, les combattants accompagnés d'un prêtre et de leurs parrains ou répondants se présentaient en lice. S'agissait-il de deux nobles s'apprêtant à lutter en personne l'un contre l'autre, ils apparaissaient tous les deux à cheval, avec leurs armes tant offensives que défensives, Si la querelle était entre deux vilains ou entre un noble et un vilain, les parties devaient se battre à pied, armées d'un bâton et d'un bouclier. Les monarques, les femmes et les ecclésiastiques auxquels soit leur rang, soit leur sexe, soit enfin leur caractère sacré interdisaient le duel privé, se faisaient défendre par des champions. Ces prédécesseurs des *bravi* italiens vendant ainsi leurs bras et leur sang, jouissaient de fort peu de considération. Le métier par eux exercé passait pour aussi déshonorant presque que celui de femme publique. Aussi ne devaient-ils recevoir que l'armement réservé aux vilains.

Il va sans dire que le même discrédit n'atteignait pas l'homme qui de son plein gré et sans espérance de rémunération venait soutenir, les armes à la main, un parent ou l'épouse d'un suzerain. Ajoutons que chez les peuples du Nord, l'emploi des champions était rarement admis. Il fallait d'ordinaire que plaignant et défendeur comparussent en personne, de même qu'à Athènes l'on exigeait des parties qu'elles plaidassent elles-même leur cause, le rôle de l'avocat se bornant tout au plus à leur fournir le modèle du discours à prononcer. Les choses étaient poussées à ce point, chez les Islandais, que s'il y avait querelle entre individus de sexe différent, la seule concession faite à la femme, c'était de pouvoir circuler à son gré autour d'un trou dans lequel son adversaire se trouvait enfoncé à mi-corps et par suite aussi gêné pour parer les coups que pour les porter. Mais reprenons le cours de notre récit. Les adversaires une fois entrés dans la lice, se mettaient à genoux et, tenant leurs mains entrelacées, chacun jurait à son tour sur la croix et sur le *Te igitur* que lui seul avait bon droit et que son adversaire était faux et déloyal. Ils affirmaient ensuite ne porter sur eux ni charme ni sortilège. C'est alors qu'on publiait, aux quatre coins de la lice, le commandement exprès de se tenir assis, de garder le plus profond silence, de n'encourager l'un des combattants ni du geste ni de la voix. La sanction, c'était la perte d'un membre ou même la peine de mort. Les parents des deux parties devaient se retirer aussitôt. Alors, nous dit notre auteur, après avoir mesuré à chacun également *le Champ, le vent et le soleil,* le maréchal du camp criait par trois fois comme aux tournois : « Laissez-les aller ». Aussitôt la lutte s'engageait. Ne commençant pas d'ordinaire avant midi au plutôt, elle ne pouvait durer que *jusqu'à ce que les étoiles apparaissent au ciel.* Si le défendeur s'était soutenu jusque-là, il obtenait gain de cause. Le sort du vaincu paraît avoir varié suivant les temps et les lieux, mais n'offrait rien de bien enviable. D'ordinaire, qu'il fût mort ou seulement blessé, on le traînait hors du camp. Ses aiguillettes étaient coupées et son harnais jeté pièce à pièce parmi les lices. Quant à son cheval et à ses armes, maréchal du camp et juges les confisquaient à leur profit. Le champion, lui, risquait d'avoir le poing coupé. C'était, nous dit l'auteur anglais, « une règle peut-être nécessaire pour empêcher la corruption de ces défenseurs mercenaires ». Inutile d'ajouter que s'il s'agissait d'une cause civile, le perdant n'eût-il pas comparu lui-même sur le champ de bataille, succombait dans ses prétentions et avait, en outre, une amende plus ou moins forte à payer.

Les conséquences de la défaite se trouvaient bien plus graves encore quand la cause était criminelle. L'accusateur devait subir la même peine que la loi prononçait pour le crime dont il accusait son adversaire. D'après la coutume Normande, par exemple, il risquait d'être pendu ou brûlé. Avait-il combattu pour le compte d'un autre, ce dernier devait partager son supplice. Rappellera-t-on, à ce propos, la lettre adressée par saint Bernard au Comte de Champagne, Théobald. Le Vénérable cénobite intercède en faveur d'un malheureux vaincu dans un combat judiciaire et auquel on avait crevé les yeux. Il demande que ses biens soient au moins rendus à cet infortuné, afin qu'il ne se trouve pas réduit à mourir de misère. Sans doute, le Saint ne se sentait pas absolument convaincu de la culpabilité de ce dernier.

N'oublions pas enfin que s'il y avait eu non pas lutte à main armée, mais simple décision de la Cour sur le point en litige, on pouvait fausser le jugement au moyen d'un appel au suzerain, appel qui donnait nécessairement lieu à bataille. L'appelant se trouvait contraint d'entrer en lice avec chacun des juges successivement. Si tous n'étaient pas vaincus par lui, le jour même, la loi le condamnait au dernier supplice. Si, par une sorte de miracle, il sortait vainqueur de tant d'épreuves, la peine de mort était prononcée contre les juges et leur tribunal restait aboli pour toujours. « Un genre d'appel moins « périlleux, ajoute Hallam, consistait à provoquer au combat « le premier juge qui prononçait une sentence contraire « à votre prétention. Si vous en sortiez victorieux, cette « décision était cassée, mais la cour ne se trouvait point « dépouillée de ses droits. Néanmoins, dans le cas de déni « de justice, c'est-à-dire, lorsque la cour refusait de juger une « cause, le plaignant avait droit de s'adresser à la cour du sei- « gneur immédiatement supérieur et de soutenir son appel « par témoins. Mais alors les témoins eux-mêmes pouvaient « être appelés dans la lice et le sanctuaire de la justice « n'était plus qu'une arène ensanglantée. »

Toutefois, dès le commencement du XIIIe siècle, les inconvénients du duel judiciaire commencaient à être vivement ressentis. On travaille activement à en restreindre l'usage. *En causes qui se peuvent prouver* dit l'ancienne coutume précisant un point de jurisprudence qui n'avait, paraît-il, pas toujours été observé, *n'y a pas lieu à combat*. La conciliation se trouve volontiers admise au moment de la bataille et parfois même après les premiers coups appelés *coups le roy*, mais une fois le gant jeté, ajoute M. Allou, il y avait lieu à une amende au préjudice des deux parties et qui se versait dans le trésor du comte ou du duc.

Enfin nous voyons le roi Saint-Louis, par ses établissements et spécialement son ordonnance de 1260 proscrire ce mode de procédure, au moins dans l'étendue du domaine royal. L'exemple donné par le grand et saint monarque ne fut certes pas sans influence sur la réforme des institutions. La lecture du livre de Beaumanoir rédigé au temps de Philippe le Hardy semble instructive à cet égard. Bien que le combat judiciaire y occupe encore un espace considérable, cependant l'auteur se plaît à énumérer les cas où il ne convient pas d'y avoir recours. Si par, son exemple, le seigneur suzerain reconnaît l'équité du jugement rendu par la cour inférieure, il refusera au perdant la permission d'en appeler aux armes. La même interdiction sera de droit si le demandeur en premiere instance, peut produire un acte ou obligation écrite ou bien si le fait allégué devant la cour est notoire : *Male chose serait*, dit Beaumanoir, *si l'on avait ocis mon prochein parent en pleine feste ou devant grant plante de bonnes gens, si il convenait que je me combatisse pour le vengement pourcachier.*

Enfin, par son ordonnance en date de 1303, Philippe le Bel interdit à nouveau ce mode de procédure, mais sans parvenir à l'abolir complètement. C'est que la rupture avec de vieux errements, le renoncement à des préjugés séculaires ne sont pas choses que l'on obtienne facilement des hommes. On commençait à se plaindre hautement de la conduite arbitraire des monarques. Bien que le jugement de Dieu ne fût pas réservé, nous l'avons vu, aux seuls nobles, ces derniers étaient en fait les plus empressés à y avoir recours. Ils le considéraient comme une véritable prérogative et un gage d'indépendance. Certaine chanson du temps dont nous reproduisons ici une partie, d'après Augustin Thierry, (*Récits des temps mérovingiens*; T. Ier, chap. Ier, p. 22 et 23 et en note; Paris 1894), dit :

Gent de France, mult êtes ébahie,
Je dis à tous ceux qui sont nez de fiez,
Se m'ait Dex, Francs n'êtes vous mie.
Mult vous a l'en de franchise éloignez,

Car vous estes par enqueste jugiez

. . . .

Douce France, ne t'appiaut plus ensi;
Ançois ait nom le païs aux sougiez,
Une terre acuvertie.

Hommes de France, vous voilà bien étonnés — Je parle de tous ceux qui sont de bonne lignée — Dieu m'assiste, vous n'êtes plus francs — On vous a bien privés de toute franchise — Car vous êtes jugés par enquête... Douce France, ne l'appelez plus ainsi, — Qu'elle ait désormais nom de pays des serfs — de terre assujettie. » Trois ans plus tard, le même monarque, par une ordonnance en date de 1306, se voit obligé de rétablir ce mode de procédure, mais en le restreignant à certains cas déterminés *qui sont ceux d'homicide, trahison, maléfices et violence* (*excepté larrecin*) *de quoi peinne de mort se deust en suir.* Une nouvelle proscription de ce genre de combat est édictée en 1333, sous le règne de Philippe VI de Valois, mais elle en amène si peu la disparition qu'en 1336, le Parlement de Paris ne fait aucune difficulté de l'ordonner encore dans le procès du sieur de Carrouges et de Legrix. Ce fut, il est vrai, le dernier exemple parmi nous de duel judiciaire. L'emploi s'en maintint beaucoup plus longtemps dans la plupart des Etats européens. L'Angleterre, notamment, ne l'a formellement aboli que dans le 1er tiers du XIXe siècle.

Inutile de nous étendre ici avec plus de détails sur l'attitude prise par l'Eglise vis-à-vis de cette institution. Le sujet a été traité d'une manière fort complète par le R. P. de Smet (voy. *Le duel judiciaire et l'Eglise*, dans le T. LXIV *Des études Religieuses* ; p. 38 et suiv. Paris 1895), et nous ne pouvons qu'y renvoyer le lecteur. Résumons-nous seulement en disant que l'autorité ecclésiastique ne cessa de regarder le combat judiciaire comme digne de blâme et peu conforme au véritable esprit du christianisme. Elle n'alla point toutefois jusqu'à le prohiber absolument. Il fallait bien laisser aux honnêtes gens lésés dans leurs droits ou leurs intérêts légitimes, le seul moyen de défense que la société tint à leur disposition. Si le droit canon interdisait aux clercs de comparaître dans la lice, du moins leur permettait-il de s'y faire représenter par des champions. Enfin nous voyons le pape Innocent III, qui régna de 1198 à 1216 (voy. *Le duel judiciaire et l'Eglise*, p. 62 du T. LXIV des *Etudes Religieuses*, Paris 1895), approuver en qualité de seigneur suzerain, les statuts municipaux de la ville de Bénévent. Or, il y est stipulé que la justice doit être rendue d'après le droit coutumier et la loi Lombarde. Mais précisément, cette dernière admettait les ordalies ainsi que le jugement de Dieu.

On s'explique dès lors, la conduite de Jean Herbert, 4e abbé de la Trappe de Soligny (1243-1274) lequel consentit l'an 1226 (voy. *Cartulaire de l'abbaye de Notre-Dame de la Trappe*, p. 567, Alençon, 1889), à servir de témoin dans un duel (*Ictus duelli pacificati*) à Conturbie, entre deux habitants du pays. Il ne faisait que se conformer aux exemples donnés par l'autorité suprême.

Il en était donc du combat judiciaire comme de l'institution de l'esclavage. L'Eglise ne pouvant l'attaquer de front, estima que la prudence lui défendait de le proscrire du moins jusqu'à nouvel ordre. L'homme qui se battait en champ clos pour obtenir justice ne commettait pas *ipso facto*, aux yeux de la religion, une faute grave. Sa situation sera donc tout autre que celle du duelliste ordinaire, auquel un motif d'amour-propre ou de vanité blessée mettait les armes à la main. Celui-ci, inutile de le faire observer, a toujours été tenu pour grandement répréhensible.

Un mot avant de finir sur la façon dont il convient d'envisager le duel judiciaire. Tout en reconnaissant ce qu'il offrait de barbare et même de peu conforme à l'équité, force est bien d'avouer qu'une institution qui a pendant plus de huit siècles joui d'une incontestable popularité, avait bien quelque raison d'être et que, plus d'une fois, elle contribua efficacement au maintien de l'ordre dans la société. Ses progrès eurent pour premier résultat d'amener sinon absolument, du moins dans une assez large mesure l'abandon d'un système de procédure bien plus défectueux encore, celui des ordalies ou épreuves par le fer rouge ou l'eau bouillante. Au reste, malgré l'abus que l'on fit trop souvent de cet appel à la décision du ciel, il ne faut pas croire que les parties y pussent avoir recours à leur fantaisie. En principe, du moins, on ne le devait admettre que pour les cas douteux et dans lesquels nul autre moyen ne restait d'arriver à la connaissance de la vérité. Et puis, pour des peuples encore frustes, chez lesquels la force brutale jouait un si grand rôle, l'important semblait plus encore, peut-être, d'en arriver à terminer les querelles qu'à les trancher d'une façon absolument équitable. Ne rions pas trop à ce sujet de la grossièreté de nos aïeux. Aujourd'hui même ne relèvera-t-on pas dans nos codes, une foule d'articles où la justice absolue se trouve volontiers sacrifiée à des considérations d'utilité pratique ?

D'autres avantages, tout au moins relatifs, découlaient encore de cette façon de procéder. Visiblement elle tendait à restreindre le nombre des litiges et faisait comprendre aux parties, comme le dit le proverbe, que mauvais accommodement vaut mieux que procès gagné. Dabord, il ne manquait pas sans doute, en ces temps là, plus qu'à présent, de gens plus prudents que scrupuleux que retenait le préjugé courant, que Dieu lui-même ne manquerait pas de déclarer contre le délinquant ou le parjure, Joignez-y la crainte très fondée des mauvais traitements réservés au vaincu. Enfin, en admettant même que l'un se crût des chances sérieuses de réussir, restait encore le risque d'attraper un mauvais coup, d'être blessé pendant le combat et cela donnait à réfléchir. D'ailleurs, le souci de la justice se trouve subordonné à des questions d'utilité pratique ? Voilà dans quel sens Charlemagne vantait ce moyen de terminer les contestations. Le grand monarque ne se faisait pas, d'ailleurs, sans doute, illusion sur sa valeur réelle.

D'ailleurs, quand on veut juger une institution, il convient de tenir compte bien plus encore du mal qu'elle évite que du bien par elle procuré. A cet égard, le duel judiciaire avait certainement sa raison d'être. Il rendait les querelles plus rares, écartant forcèment de la lice ceux qui, sans être de bonnes lames, ne se seraient pas sentis très sûrs de la justice de leur cause. Le préjugé de l'époque était d'ailleurs que Dieu ferait plutôt un miracle que de laisser condamner un innocent. Plus d'une fois, sans doute, l'on vit le combat singulier se substituer à l'exercice du droit de guerre privée. Les populations mises ainsi à l'abri d'un des fléaux les plus redoutés dans ce temps-là, ne pouvaient qu'applaudir à la substitution.

Somme toute, l'état de la société au Moyen-Age nous explique suffisamment le maintien de cet étrange mode de procédure. On a même lieu d'ajouter qu'il le rendait à peu près indispensable. Bien rares alors étaient les personnes compétentes en matière de droit civil et il n'existait pas de magistrature régulièrement constituée. Les causes couraient donc grand risque d'être tranchées au hasard. Que l'on songe à ce que seraient aujourd'hui même les décisions judiciaires, si le jury seul était chargé de les rendre. Ajoutez à cela la crainte des faux témoins qui se manifeste aussi bien dans le texte des Assises de Jérusalem que dans celui du Code Bourguignon, plus ancien d'environ sept siècles.

Enfin l'organisation féodale elle-même n'était pas sans apporter certains obstacles au bon fonctionnement de la justice. Quelle eut été en effet la situation d'un tribunal appelé à se prononcer contre tel ou tel puissant seigneur ? On voit la peine que Saint-Louis lui-même eut à défendre un simple chevalier contre son frére, le Comte d'Anjou (voy. Abbé Vély, *Histoire de France*, T. III, p. 76) et les réclamations des grands vassaux au sujet de la punition bien modérée toutefois, qu'encourut Enguerrand de Coucy, convaincu d'un triple meurtre (voy. Ibid. p. 78 et suiv.)

Et sans aller plus loin, combien de circonstances dans lesquelles on aurait eu lieu de regretter la façon d'agir de nos ancêtres, toute barbare qu'elle puisse paraître ? Songeons à la multitude de prétendus sorciers conduits au bûcher, lors de la Renaissance et depuis. Rappelons les victimes de la Terreur. Si tous ces infortunés avaient eu la ressource d'appeler leurs juges à bataille et de les forcer à se rendre sur le terrain, combien de meurtres juridiques eussent été évités ? Ce qui importe, en définitive, ce n'est pas tant la sagesse des lois que leur mode d'application. Le bel avantage pour une nation d'avoir un code d'une perfection idéale, s'il doit être interprété par des magistrats iniques ou peu éclairés! Dans ce cas, beaucoup mieux vaudrait une manière de rendre la justice, quelque rudimentaire qu'on la suppose, mais offrant parfois au bon droit chance d'être reconnu. Quoi de plus odieux par exemple que cette loi de Lynch, en vigueur aux Etats-Unis ? Elle n'en reste pas moins très populaire dans certaines régions, parce que l'on a vu, et à juste titre, dans son application, un remède efficace à la pusillanimité ou à la corruption des tribunaux ordinaires.

C. — Duel privé, peut avoir pour cause soit une question d'honneur à réparer ou d'amour propre à faire valoir, soit la solution d'un point de droit. Il ne diffère donc essentiellement des deux précédents qu'en ce qu'il n'est point prescrit par autorité de justice et résulte de la libre volonté des parties. Nous en reconnaissons, par suite, deux sortes : 1° le duel privé litigieux ; 2° le duel par point d'honneur.

1° *Duel privé litigieux.* — C'est celui en vertu duquel les parties s'engagent de leur plein gré et sans y être invitées par une autorité quelconque à trancher les armes à la main, une question de droit soit public soit privé. Peut-être un exemple en serait-il fourni par l'histoire d'Orsua et de Corbis que nous avons déjà racontée plus haut. La légende relative à la fondation de l'abbaye de Colan nous parle également d'un projet de duel ayant pour but la dévolution d'un riche patrimoine, mais qui, d'ailleurs, ne fut pas suivi d'effet (Voy. *Histoire de l'Abbaye de la Grande-Trappe,* introduction, § 8, p. 30 ; dans la 2e série, n° 6, des *Documents sur la province du Perche*). Deux frères, nous dit-on, ne pouvaient s'entendre pour un partage et animés d'ailleurs l'un contre l'autre d'une haine implacable, résolurent de terminer leur querelle en champ-clos. Ils choisirent comme rendez-vous pour leur duel fratricide, un bois touffu environné de précipices et désigné sous le nom de « Bois de Colan ». Toutefois, sur le point de croiser le fer, ils se sentent pris de remords et versent des larmes de repentir. Honteux d'avoir formé de si criminels projets, ils vont, chacun de leur côté, se jeter aux pieds d'un vénérable prêtre vivant en ermite non loin de là et lui confessent leur crime. Dieu permit qu'après avoir erré pendant quelque temps, ils se rencontrassent de nouveau à l'endroit où ils avaient voulu s'entr'égorger. Cette vue les glace d'épouvante, ils se jettent à genoux, s'embrassent en pleurant, puis se disent avec angoisse : « Qu'allons-nous faire dans le monde ? Nous y rencontrerons mille occasions de rechute ! Que ce lieu qui devait être le témoin de notre perte, devienne celui de notre pénitence ! » Allant ensuite trouver le prêtre qui avait déjà reçu l'aveu de leur faute, ils le prièrent d'être leur guide. Celui-ci ayant accueilli leur demande, tous trois se vouent à la vie cénobitique. Ainsi fut fondé le Monastère de Colan où bientôt une foule de pèlerins s'engagèrent par des vœux solennels. Leur nombre augmentant d'ailleurs de jour en jour, il fallut songer à quitter cette résidence devenue insuffisante. Les émigrants se transportèrent dans une forêt du diocèse de Langres. C'est là qu'ils édifièrent le Monastère de Molesme, lequel devait plus tard donner naissance à celui de Citeaux.

2° *Duel privé par point d'honneur*, a pour cause non un motif d'intérêt, mais une raison d'amour-propre ou la vengeance à tirer d'une insulte reçue. Aussi n'a-t-il jamais, non plus que le précédent, été tenu comme licite aux yeux de la religion. On le retrouve d'ailleurs avec une réglementation plus ou moins compliquée chez les races les plus diverses.

Les Noirs de la Nouvelle-Galles du Sud, nous dit par exemple Cunningham, se battent volontiers entre eux, à coups de *Waddie* ou sabre de bois (Voy. Rienzi, *Océanie*, T. 3, p. 508, dans la collection l'*Univers*, publiée par Firmin-Didot), chacun baissant à son tour la tête pour recevoir le coup de son adversaire ; celui qui évite le coup est regardé comme un lâche. C'est un peu ainsi qu'agissent les faisans, au moment des amours. Les mâles, poussés par la jalousie se livrent volontiers à une sorte de duel, chacun donnant tour à tour et recevant un coup de bec sur la tête. Il arrive même assez fréquemment, dit-on, que l'affaire se termine par la mort de l'un des deux volatiles.

Les habitants de la terre du roi Georges ont, paraît-il, une manière assez différente de pratiquer le Combat singulier. On les voit lutter armés de marteaux de pierre, de bâtons longs ou courts (Voy. Rienzi, *Océanie*, loc, cit. p. 470) et parfois de lances. Toutefois, leurs coups sont rarement assénés avec assez de force pour être fort dangereux. Ils n'usent pas de boucliers comme leurs compatriotes des régions du Sud-

Est, mais se montrent très habiles à éviter les coups de lance.

Chez les indigènes du Brésil, nous dit Léry (Voy. *l'Esprit des Usages*, loc. cit. p. 66) jamais on ne sépare ceux qui se veulent battre, mais lorsque l'une des parties vient à être tuée ou blessée, les parents font subir à son adversaire la peine du Talion.

Le procédé diffère un peu pour les habitants de l'île Saint-Jean, découverte par Lemaire. Ces sauvages ne souffrent l'usage du sabre qu'à la guerre. Si deux concitoyens entendent vider leur querelle en champs-clos, ils en sont réduits à se mordre comme des chiens. L'emploi d'aucune autre arme ne leur est permis. De cette façon, l'on empêche les combats d'être trop meurtriers, mais on les rend si désagréables qu'il faut être singulièrement hargneux, pour consentir à y avoir recours.

Le duel n'était pas moins en honneur chez certaines populations de la Sibérie Orientale ; voici ce que nous dit à ce sujet P.-C. Levesque (*Histoire de Russie,* T. VI, ch. V, p. 318 ; Paris, an VIII). « Il faut que les querelles soient bien peu animées pour que les Tongouses aient recours à la médiation de leurs chefs. Ces mêmes hommes qui ne montrent qu'une froide apathie dans les douleurs, dans la disette, dans la privation de ce qui est le plus cher, poussent jusqu'au mépris de leur vie, e désir de se venger. Ils ne consultent alors d'autres juges que leur courage. Incapables de dresser des embûches à l'ennemi dont ils se plaignent et de punir un outrage par un assassinat ils n'attaquent la vie de l'offenseur qu'en lui permettant de la défendre.

« Dans leurs combats singuliers, leurs armes sont l'arc et la flèche. Leurs duels sont soumis à peu près aux mêmes lois, aux mêmes formalités que l'étaient nos anciens combats en champs-clos. Ce sont leurs vieillards qui examinent les armes et qui marquent le lieu du combat ; ce sont eux qui prescrivent la distance à laquelle les champions doivent se tenir et qui indiquent le moment de tirer. L'un des deux combattants reste toujours sur la place ou mort ou grièvement blessé.

« Ce n'est pas seulement dans notre Europe qu'on trouve réunies des idées contradictoires. Chez les Tongouses, le meurtre commis à la suite d'une querelle n'est pas regardé comme un crime et cependant le meurtrier est soumis à des peines corporelles. Il est puni, mais non déshonoré, et se console de la punition qu'on lui inflige par la réputation qu'il acquiert et qui est le prix de son courage. »

Toutefois c'est surtout chez les populations de race Celtique que ce genre périlleux de sport semble avoir joui de la plus grande vogue. L'écrivain grec Possidonius d'Apamée qui visita la Gaule méridionale, environ un siècle avant notre ère, fut, nous dit M. d'Arbois de Jubainville (loc. cit.) tout surpris de voir avec quelle facilité les habitants de ce pays, sans motif sérieux, se livraient à l'exercice dangereux du combat singulier. « C'était, ajoute le savant Français, au milieu des repas, un plaisir qu'ils se donnaient, et comme les deux adversaires se servaient l'un contre l'autre de bonnes armes de guerre, ils se faisaient réciproquement des blessures, la douleur amenait la colère, et une lutte qui au début, semblait ne devoir être qu'un simple exercice, se terminait par la mort de l'un des deux combattants. »

Notre auteur ajoute qu'il fut raconté à ce même Possidonius que « dans les festins d'apparat, l'usage existait jadis de donner au guerrier le plus brave, le gigot ou le jambon de la bête qui était la pièce de résistance et quand deux guerriers se disputaient ce signe de la prééminence, on recourait aux armes. Il y avait entre eux un combat singulier, et le vainqueur recevait en guise de couronne le morceau de viande qui avait été l'objet de l'ambition des deux rivaux.

« Dans le festin de Bricriu, ajoute le même auteur, morceau moitié sérieux, moitié plaisant, les candidats à la part du héros sont au nombre de trois qui essaient l'entreprise difficile de substituer au duel, une triple bataille. » En tout cas, ce récit nous prouve avec quelle fidélité les vieilles coutumes des Celtes primitifs s'étaient maintenues en Irlande.

Du reste, ce genre de combat singulier ne laissa pas, à l'occasion, d'amener des résultats passablement imprévus. Scipion, le futur vainqueur de Carthage, après la prise de Castulon[1] s'était rendu à Carthagène. Là, il songeait à s'acquitter d'un vœu fait à l'occasion de la mort de son père et de son oncle. Il avait promis aux dieux (Tite Live, livre XXVIII, chap. 1, 2 et 20) des combats de gladiateurs. Besoin était pour cela de se procurer des esclaves, lesquels coûtaient souvent fort cher. Le chef Romain fut agréablement surpris en voyant de jeunes guerriers Cellibères lui permettre de tenir son engagement sans bourse délier. Remplissant le rôle de gladiateurs, ils s'entretuaient sous ses yeux, rien que pour faire parade de bravoure.

En tout cas, si le jugement du Dieu, fut, dans une certaine limite, toléré par l'église, il n'en a point été de même du genre spécial de duel dont nous nous occupons en ce moment. Jamais elle n'a hésité à le condamner. Ceux même qui se contentent de jouer le rôle de témoins n'échappent pas à l'excommunication. Le R. P. de Smet (Voy. *le Duel judiciaire et l'église*, p. 72 et 73 du T. LXIV des *Etudes religieuses*, Paris 1895), nous cite à ce propos la lettre de saint Bernard à l'abbé Suger où il le presse d'empêcher, à tout prix, un combat singulier qui devait avoir lieu entre Henri, fils du comte de Champagne et Robert, frère du roi. Il s'agit évidemment ici, ajoute notre auteur, « non d'un duel judiciaire, mais d'un duel conventionnel, d'un défi à un tournoi à mort. » C'est que les chevaliers de l'époque ne se faisaient pas toujours faute de saisir l'occasion de ces exercices guerriers pour vider d'une façon sanglante leurs vieilles querelles ou rivalités. Telle est peut-être bien, remarque encore le docte religieux, la cause principale de la prohibition des tournois portée par le Concile œcuménique de Latran en 1179. Il semble vraisemblable d'ailleurs que le dix-huitième canon du Concile tenu également à Latran en 1215 avait principalement en vue les duels conventionnels ou défis entre chevaliers, non les simples passe-d'armes ou exercices d'escrime.

Ajoutons d'ailleurs que les défenses ecclésiastiques purent avoir pour effet de rendre le duel plus rare, mais non le faire disparaître. Longtemps encore il sera tenu pour une sorte de jugement de Dieu, auquel il est permis d'avoir recours. Ainsi, le chevalier sans peur et sans reproche (Voy. Feillet, *Histoire du gentil seigneur de Bayart*, livre II, chap. 2, p. 107, Paris 1867) engagera un combat à mort contre le capitaine espagnol Alonso qui l'avait diffamé. Toutefois, avant de croiser le fer, Bayart adresse sa prière à Dieu, puis se prosternant baise la terre et, enfin, se relève, fait le signe de la croix et marche droit à son ennemi « avec autant d'assurance, dit le narrateur, que s'il eût été dans un palais à danser parmi les dames. » Le bon chevalier, une fois son adversaire occis, n'hésitera même pas à aller à l'église remercier Notre-Seigneur. Une autre fois (Ibid., liv. IV, chap. 2, p. 226) après l'évacuation du duché de Ferrare par les Vénitiens, Bayart sera maître et garde du camp, à propos d'un combat à outrance entre deux Espagnols, le capitaine Santa-Cruz et le seigneur Azevedo.

Ne nous étonnons pas trop somme toute de ce léger défaut de logique de la part du modèle des chevaliers. Est-ce qu'à une époque plus rapprochée de nous, sous le règne de Louis XVI, la plupart des seigneurs de la Cour ne se faisaient pas affilier aux loges maçonniques et cela en dépit des foudres de l'église ?

Dans leur nombre, à coup sûr, il s'en trouvait de sincèrement religieux, mais qui ne se figuraient réellement pas mal faire, en dédaignant ainsi les condamnations portées par le Saint-Siège.

Vainement en est-on arrivé à reconnaître le duel comme blâmable au point de vue de la morale comme de la raison. Le préjugé en sa faveur continue à subsister avec toute sa force. On le considère comme une école de bravoure, un témoignage de vaillance et refuser de se battre, même par scrupule de conscience, passera de la part d'un gentilhomme pour chose tout à fait déshonorante. C'est surtout au temps des derniers Valois que ce genre de sport sévit avec le plus de fureur. L'admission dans certaines compagnies de gendarmes, sous le règne d'Henri III, se trouvait alors, affirme-t-on, refusée à quiconque ne s'était pas encore battu en duel ou du moins n'avait pas pris l'engagement de se battre dans l'année. D'ailleurs les anciennes formalités jadis observées d'une façon si rigoureuse dans les tournois et jugements de Dieu tombaient en désuétude : Aussi le combat singulier tendait-il de plus en plus à dégénérer en un assassinat pur et simple.

Ce fut là, sans doute, tout au moins l'une des raisons qui portèrent les premiers princes de la Maison de Bourbon, et notamment Henri IV, à punir si sévèrement les duellistes. L'édit de Blois défend d'enregistrer les lettres de rémission à eux accordées, *quand même elles seraient signées par le roi.*

Rappelerons-nous le comte de Montmorency-Boutteville, le père du vainqueur de Nerwinde, décapité sur l'ordre de Richelieu pour s'être battu en duel. L'ordonnance de Louis XIV en date de 1679 prononce la peine de mort et la confiscation des biens contre ceux qui se sont rendus sur le terrain, quand même aucun d'eux n'aurait reçu de blessure. Les domestiques qui avaient porté les appels étaient condamnés aux galères. « Une cour composée à Paris des maréchaux de France et en province des gouverneurs et des lieutenants était, nous dit M. Allou (*Encyclopédie des gens du monde*, T. VI, art. *Combat singulier*, Paris 1836) instituée sous le nom de *Tribunal du point d'honneur*, c'est devant elle que devaient être portées toutes les affaires de nature à amener un duel ; elle prononçait sans appel après avoir entendu les parties, et adjugeait à l'offensé une réparation dont il devait se tenir content. » Au reste, si la suppression du jugement de Dieu et son remplacement par un mode de procédure plus rationnel avait suscité bien des réclamations, il en alla de même pour les mesures prises, mais avec bien moins de succès, par le gouvernement contre les duellistes. Montesquieu, dans ses *Lettres Persanes* (Voy. lettre XC) se fait l'écho des plaintes d'un nombreux public. « Les Français, dit-il, sont dans un état bien violent, car les mêmes lois de l'honneur obligent un honnête homme à se venger, quand il a été offensé ; mais, d'un autre côté, la justice le punit des plus cruelles peines lorsqu'il se venge. Si l'on suit les lois de l'honneur, on périt sur un échafaud ; si l'on suit celles de la justice, on est banni pour jamais de la société des hommes : Il n'y a donc que cette cruelle alternative, ou de mourir ou d'être indigne de vivre. » Dans un autre passage (lettre LIX), le même auteur se moque d'un interlocuteur qui vantait l'édit contre les duels et non sans quelque raison, puisqu'il avait reçu « cent coups de bâton pour ne pas le violer. »

Louis XVI, lors de son sacre, jura de maintenir, à l'exemple de ses prédécesseurs, les ordonnances concernant les combats singuliers. Toutefois, comme il a déjà été remarqué, son serment ne produisit pas plus d'effet que les engagements de tant d'autres monarques français, d'exterminer l'hérésie dans toute l'étendue du royaume. On en a, notamment, la preuve dans le duel du comte d'Artois, depuis Charles X avec le duc de Bourbon.

La Révolution amena, sur ce point, un notable changement dans les dispositions de la loi. Le Code pénal de 1791 reste muet sur le duel. Un décret de l'assemblée législative en date des 17 septembre 1792 prononce l'abolition des poursuites dirigées et des jugements rendus contre les citoyens, depuis le 14 juillet 1789, pour cause de duel. « Le Code pénal, nous dit Ratier, garde le même silence sur ce genre d'infraction. Les discours des orateurs du gouvernement ne contiennent pas un seul mot à cet égard. Néanmoins, l'auteur du corps législatif après la présentation du Chapitre 1er du titre 2 du livre trois de ce Code, exprima l'opinion que les termes généraux de la loi comprenaient l'attentat connu sous le nom de duel. Il convient d'ajouter toutefois que sous le Premier Empire, les combats singuliers furent relativement assez rares même entre militaires. Ces derniers étaient trop occupés à guerroyer contre l'étranger et le temps leur manquait pour songer à leurs querelles privées. Ajoutons que la Cour de Cassation par ses arrêts du 8 janvier et 8 avril 1819 et 4 décembre 1824, a reconnu que quelque répréhensible que soit le duel, il n'est cependant qualifié crime par aucune des lois en vigueur. Toutefois, la même Cour a jugé, le 21 septembre 1821, que si l'un des combattants sans se trouver en cas de légitime défense, a donné la mort à son adversaire, il peut alors être puni comme meurtrier ou assassin. Elle a décidé, le 4 février 1827, pareillement, que l'individu qui en tue un autre en duel se trouve passible de dommages et intérêts envers la famille du trépassé.

Nous ne dirons qu'un mot au sujet du combat singulier et des dispositions législatives le concernant chez les autres peuples de l'Europe moderne.

Gustave Adolphe, roi de Suède, à l'exemple de Louis XIV rendit une ordonnance des plus sévères concernant les duellistes ; le roi de Prusse, Frédéric-le-Grand, ne se montra pas moins rigoureux. Mais les dispositions légales les plus draconiennes ne sont pas toujours suffisantes pour avoir raison d'un préjugé invétéré. Aussi a-t-on senti la nécessité de tolérer dans une certaine mesure, ces rencontres que l'on ne pouvait absolument empêcher. En Russie, par exemple, les duels doivent avoir pour témoin des officiers et les adversaires ne peuvent quitter le terrain qu'un d'eux n'ait été tué ou grièvement blessé. L'on parvient ainsi à rendre les rencontres plus rares, et le ridicule de ces engagements dont le résultat le plus clair consiste en une insignifiante égratignure, se trouve évité.

On peut dire que sur le point qui nous occupe, ainsi qu'en beaucoup d'autres, c'est l'Angleterre qui, grâce à l'esprit pratique de ses habitants, marche à la tête de la civilisation. Dans ce pays où le gentlemen le plus correct trouve tout naturel de se consoler de ses infortunes conjugales en touchant l'indemnité accordée par la loi, où l'honneur du beau sexe se trouve soigneusement tarifé, on ne tolère guère en fait de préjugés que ceux-là offrant un caractère utilitaire. C'est assez dire que le combat singulier y est fort peu prisé. Lord Wellington semble donc avoir été l'interprète du sentiment populaire anglais en s'efforçant de le faire tomber en désuétude. On sait la ligue qu'il organisa contre lui avec la coopération de la meilleure société du royaume uni. On y décida que le seul fait d'envoyer un cartel disqualifierait autant son homme que si celui s'était livré à une scène de pugilat. Nous ne pensons pas toutefois que la prescription se soit étendue jusqu'à la boxe, et si donner un coup d'épée à son ennemi est réputé de mauvais ton, on peut encore se passer le divertissement de lui fracasser la mâchoire.

Pour nous résumer, si le duel ne peut qu'être désapprouvé tant au point de vue de la morale qu'à celui de la logique, il est des cas où l'on serait tenté de demander par quoi il pourrait être remplacé et tel qui en a fait la critique la plus fondée n'est pas certain de ne pas se trouver un jour contraint d'y avoir recours.

Qu'il nous soit permis de reproduire à cet égard (Voy. *Les odeurs de Paris*, liv. II, T. 11, p. 118, Paris 1867) quelques lignes sorties de la plume de Louis Veuillot : « Non chrétien, j'en parlerais (du duel) autrement que les philosophes et les légistes. Je le considérerais comme le dernier rempart de l'individu dans une société démocratique, c'est-à-dire impolie et pleine de méchants personnages qui oseraient tout contre tout le monde, si l'on n'avait à leur montrer la gueule du pistolet. Il faut quelque chose qui puisse intimider le tribun, l'avocat, le libelliste et cent autres espèces ! Quoi ! je demeurerai sans défense contre celui qui aura la langue mieux pendue ou le bras plus robuste ? Il faut que je plaide pour obtenir une réparation dérisoire ou qui me sera refusée ? Ne l'espérez point d'une âme un peu noble, à moins que la foi religieuse ne l'aide à contenir son juste ressentiment. Je dis plus, ne le désirez point. L'habitude que les honnêtes gens prendraient de se laisser traîner dans la boue tournerait au profit des coquins. — Qu'importe, dit *un tel*, qui s'est élevé par degrés et publiquement, au rang des drôles les plus authentiques, qu'importe la mémoire sans cesse rafraîchie de mon itinéraire ? Il y a plus diffamé que moi et c'est le plus honnête homme de France. »

Une seule réserve nous paraît pouvoir être faite au dire de l'éminent polémiste, c'est qu'au sein de la société dont il parle, société naturellement féconde en malotrus, se battre en duel n'est pas toujours si facile que cela, même pour l'honnête homme sceptique ou prêt à sacrifier les scrupules de sa conscience au point d'honneur. Combien de gens ne rencontrera-t-il pas, capables de toutes les traîtrises, de toutes les diffamations, mais qu'on ne décidera par aucun moyen, si brutal soit-il, à croiser le fer ?

III. — DU DUEL FORCÉ

Il en existe de plusieurs sortes et dont nous allons tour à tour dire quelques mots.

A. Duel augural. — C'est celui que nous citerons en premier lieu, en raison du caractère en quelque sorte sacré dont il se trouvait revêtu. Tacite (*De morib. german.* § X) nous apprend que chez les Germains, lorsque deux peuplades sont en guerre, on tâche, par n'importe quel moyen, de se procurer un captif de la nation ennemie et on le fait combattre contre un guerrier choisi de l'autre partie, chacun d'eux étant armé à la mode de son pays. La victoire de l'un ou de l'autre sert de pronostic.

B. Duel gladiatorial. — Aurait été, dit-on, d'abord en vogue chez les Etrusques qui faisaient combattre les uns contre les autres, des esclaves autour des bûchers où devaient être brûlés les corps des personnages importants. Peut-être bien, à l'origine, faut-il voir dans cette pratique, une transformation de l'usage des sacrifices humains. Chez beaucoup de peuples, en effet, et dont l'énumération complète serait trop longue à donner, se rencontre, en effet, l'usage d'immoler sur le tombeau des chefs ou d'enterrer avec eux, un certain nombre de captifs ou même d'épouses destinés à les servir ou à leur tenir compagnie. Bornons-nous à dire qu'il existait chez les grecs de l'époque Préhomérique (Voy. *Iliade*, liv. 21, vers, 27 et suiv, aussi bien que chez les Japonais (Voy. Metchnikoff, l'*Empire Japonais*, 3e partie, chap. Ier, p. 321, Genève 1881) où les Natchez de la Louisiane (*Choix de lettres édifiantes et curieuses*, T. VII, p. 217 ; Paris 1809).

L'Inde a été depuis longtemps été célèbre pour ses Suttees ou sacrifices de veuves. On les retrouve à Bali, près de Java et peut-être doit-on les tenir pour d'origine Hindoue. Ils étaient assez répandus également dans les pays scandinaves, toutefois, sans y revêtir un caractère aussi obligatoire que dans le péninsule Indostanique.

On se sera fatigué de l'obligation de mettre soi-même les victimes à mort et les charger de s'entretuer elles-mêmes aura fini par sembler plus expéditif.

Quoiqu'il en soit, les combats de gladiateurs introduits à Rome, l'an 450 de la fondation de la ville, sous le consulat d'Appius Claudius, ne furent guère chez le Peuple-roi qu'un passe-temps et un divertissement, comme les combats de Taureaux en Espagne, plus cruel néanmoins. La seule preuve d'humanité si l'expression elle-même n'est pas trop ambitieuse, que donnassent, à cet égard les Romains, c'était d'accorder la liberté au gladiateur qui avait triomphé deux fois : *Bis victor libertus*. En Grèce, ces exercices barbares semblent n'avoir jamais été admis. C'est que, suivant la belle expression d'un rhéteur d'Athènes, les peuples de cette contrée ne voulaient pas renverser les autels élevés par leurs aïeux à la miséricorde.

Nous ne nous étendrons pas d'ailleurs sur les diverses classes de gladiateurs ni sur leur armement. Bornons-nous à rappeler qu'ils continuèrent à s'entregorger dans la cité impériale pour le plus grand amusement du public, jusqu'à l'édit qui suivit la mort de saint Télémaque. Le pieux cénobite s'étant élancé dans l'arène de Colisée pour séparer des combattants prêts à s'égorger, avait, comme l'on sait, péri écharpé lui-même par les spectateurs. A la suite de cet incident, l'Empereur interdit ces jeux meurtriers.

Nous ne nous arrêterons pas ici à énumérer les diverses sortes de gladiateurs, ni à décrire leur armement. Bornons-nous à faire observer qu'ils n'étaient pas tous des duellistes, les *Catervarii* par exemple, comme leur nom même l'indique, ne combattaient qu'en troupe. Quant aux *Bestiarii*, c'était contre les bêtes féroces spécialement qu'ils avaient à exercer leur vaillance. Ces derniers nous rappellent assez les hommes qu'à Java, le sultan condamne en punition de leurs méfaits (Voy. Malte-Brun, *Précis de la Géographie universelle,* T. IV, liv. 75, p. 278 ; Paris 1813) à combattre contre un tigre? Ce genre de supplice, ajoute notre auteur, « comme tous les autres dans le Pays, n'entraîne aucune idée d'infamie. On a, au contraire, une espèce d'admiration pour l'homme qui a su résister à un tigre, et loin de cacher ses cicatrices, il affecte de les montrer comme un trophée. »

Les *Alforèses* ou indigènes de Céram dans l'archipel Malai ont eu aussi, paraît-il, leurs combats gladiatoriaux. Voici, à ce propos (Voy. *Ubi suprà,* liv. 76, p. 305 et 306) ce que rapporte notre géographie : « Un roi de ces Alforèses donna une fête bien singulière à un prédicateur hollandais, nommé M. Montanus. Après l'avoir reçu avec de grandes démonstrations de joie, après lui avoir fait partager le festin le plus splendide que pouvaient fournir les ressources du pays, le prince fait avancer un certain nombre d'hommes armés d'épées. Ils exécutent une danse guerrière et, après quelques tours, commencent à se livrer à un combat sérieux. Les coups d'épées retentissent, le sang ruisselle, plusieurs cadavres gisent par terre. Le Ministre du saint Evangile, tremblant à cette horrible vue, conjure le roi de faire cesser le combat. — Ce n'est rien, répond le prince, ce sont mes esclaves ; ce sont quelques chiens qui meurent. Trop heureux, si cette marque d'une haute considération peut vous prouver mon désir de vous plaire. Un césar romain n'eût pas, sans doute, répondu de plus courtoise façon au chef Parthe ou Germain arrivé en Italie pour lui faire une visite amicale.

C. Duel militaire. — C'est celui auquel on oblige les soldats à se livrer, lorsqu'ils se sont pris de querelle et qu'ils ont échangé soit des horions, soit simplement des gros mots. Règlementairement, le maître d'armes doit y assister, prêt à détourner les coups qui pourraient sembler dangereux. Aussi, regarderons-nous ce genre de lutte bien moins comme un combat véritable que comme une manière d'exercice ou même de punition.

D. Duel sacrificiel. — Semble avoir été spécial aux peuples de la Nouvelle-Espagne. C'était le combat que devait livrer le prisonnier de guerre attaché à une corde sortant du trou central d'une pierre de meule ou, pour être plus exact, de la pierre du sacrifice (Voy. *Histoire générale des choses de la Nouvelle-Espagne*, trad. de D. Jourdanet et Rémi Siméon, liv. II, chap. II, p. 59 ; Paris 1880). La longueur était calculée de manière à permettre que le malheureux pût arriver seulement à la circonférence de la pierre. On lui donnait des armes pour le combat et quatre guerriers, armés d'épées et de rondaches, venaient alternativement l'attaquer jusqu'à ce qu'ils parvinssent à l'abattre. S'il était vaincu, on le couchait sur la pierre des sacrifices, laquelle avait environ trois empans de haut et deux de large. Là, cinq prêtres, le visage et les mains teints en noir, le prenaient, deux par les jambes, deux par les bras et un par la tête. Le chef des Sacerdoces se présentant alors fendait la poitrine du patient avec un couteau d'obsidienne, puis il introduisait sa main par l'ouverture qu'il venait de pratiquer et lui arrachait le cœur pour l'offrir immédiatement au soleil et le jeter ensuite dans un grand cuvier. Il prenait aussitôt du sang de la victime et le mettait dans une petite tasse qu'il remettait au maître de cette dernière. On jetait ensuite le corps du supplicié par les degrés du temple de manière qu'il roulât jusqu'en bas. Là, le cadavre se trouvait reçu par de vieux prêtres appelés *Quaquacuillin*, litt. Preneurs de têtes, qui l'emportaient dans leur chapelle où il était mis en morceaux et distribué pour servir d'aliment. Si le prisonnier parvenait à avoir raison de ses quatre antagonistes, on le rendait à la liberté. C'est ce qui, on le conçoit de reste, devait bien rarement se produire.

Ces combats singuliers qu'avaient à soutenir successivement un nombre plus ou moins considérable de captifs, avaient lieu d'ordinaire le premier jour de *Tlacaxipeualiztli* ou de « l'écorchement », second mois de l'année Mexicaine et qui correspondait au 22 février de notre calendrier.

Comme chez tous les peuples primitifs, les anciens Romains, aussi bien que les Peaux-Rouges de l'Amérique du Nord, et même jusqu'à un certain point les Japonais d'aujourd'hui, le prisonnier de guerre était considéré comme mort pour son pays et sa famille, comme marqué, en quelque sorte, d'une tache indélébile et que rien ne pouvait plus effacer. S'il voulait éviter l'esclavage ou le changement de nationalité, il ne lui restait plus qu'à mourir. D'autre part, aux yeux des Mexicains, périr sur la pierre des sacrifices passait pour la chose du monde la plus honorable. C'était pour le captif une véritable réhabilitation, de même que chez les sauvages Canadiens, la constance et la fermeté au milieu des tortures. Voilà qui nous explique l'histoire du général Tlaxcaltèque Tlahuicole. Aussi renommé par son courage que par sa force physique (Abbé E. Domenech, *Histoire du Mexique, Juarez et Maximilien*, T. I, p. 105 ; Paris 1868), il avait pour arme offensive un *maquahuitl* ou épée mexicaine à dents d'obsidienne, tellement lourde qu'un homme ordinaire avait peine à la soulever de terre. « Son nom seul, dit le narrateur, faisait fuir ses ennemis qui se sauvaient dès qu'on criait : « Voilà Tlahuicole ». Ayant eu la maladresse pendant une attaque des Huexotzincas contre les Otomies, de se lancer, au plus fort de la mêlée, dans un endroit marécageux, ses mouvements furent paralysés ; assailli par un nombre considérable d'adversaires, il est fait prisonnier, enfermé dans une cage et conduit à Mexico, puis présenté à Moctezuma. Le souverain, juste appréciateur du mérite, même chez un ennemi, lui rend sa liberté.

« Tlahuicole répond au monarque Mexicain, qu'il n'accepte pas sa grâce, qu'ayant eu le malheur d'être fait prisonnier, il n'osera plus jamais se représenter aux yeux de ses compatriotes. Moctezuma, touché de ce scrupule, retient le général à sa cour. Sans doute, il espérait s'en faire un ami ou, du moins, utiliser ses talents militaires. Effectivement, la guerre ayant éclaté entre le Mexique et le Michoacan, le roi lui confie le commandement des troupes qui devaient attaquer la ville de Tlaximaloyan. Tlahuicole, s'il ne parvint pas à s'emparer de cette cité où les Michoaquenos s'étaient fortement retranchés, leur tua, du moins, beaucoup de monde, fit un grand nombre de prisonniers et leur enleva de l'or et de l'argent pour une valeur considérable.

« Moctezuma reconnaissant, lui offre, de nouveau, la liberté avec le titre de *Tlacatecatl,* c'est-à-dire de généralissime des armées Mexicaines. Le fier Tlaxcaltèque refuse de nouveau ces deux faveurs, en disant qu'il ne serait jamais traître à sa patrie, qu'il désirait absolument mourir dans un sacrifice de gladiateurs, genre de mort réservé aux prisonniers les plus respectés. Tlahuicole dut séjourner trois années encore à Mexico avant d'obtenir la faveur par lui sollicitée. Son épouse vint tout exprès de Tlaxcala, tenir son ménage et cela à la grande joie des Mexicains, lesquels espéraient voir se perpétuer la descendance d'un général aussi redouté. Moctezuma, toutefois, voyant le refus obstiné de Tlahuicole à accepter quoi que ce soit et sa persistance à vouloir mourir, consentit enfin au combat demandé. Après huit jours de danses et l'accomplissement des cérémonies précédant habituellement ces sortes de luttes, Tlahuicole fut attaché par un pied au *Temalacatl* ou pierre des sacrifices et se battit contre des gladiateurs, en présence du roi, de la noblesse et d'une multitude de Mexicains. L'histoire raconte qu'il tua huit adversaires, en blessa vingt et ne tomba qu'après avoir reçu sur la tête, un coup terrible qui le laissa à moitié mort. On le transporte aussitôt devant l'idole de *Huitzilopochtli*, le Mars du Mexique. Là les prêtres lui ouvrirent la poitrine, en arrachèrent son cœur encore fumant. Puis, son corps fut, suivant l'usage, précipité du haut de l'escalier du temple. Ainsi mourut le vaillant guerrier. »

Ajoutons que ce passage de Sahagun relatif aux prêtres gardiens des têtes des captifs immolés, nous fait songer (Voy. Karl Knortz, *Maehrchen und Sagen der Nordamerikarischen indianen*, p. 254, Leipsig 1871) à un trait de la légende de *Sayadis*, l'orphée des Mohawks. Voulant se rendre au pays des ombres, pour en ramener l'âme de sa sœur, morte depuis peu, il alla consulter un homme médecin du nom de *Sonon-Kwinitsi* ou la « longue chevelure ». Ce dernier enseigna à Sayadis, une formule d'incantation toute puissante pour évoquer les esprits. Il lui fit don, en outre, d'une gourde ou, suivant une autre version d'un sac (Voy. *Le Folklore dans les deux mondes*, chap. VII, p. 286 et 287 du T. XXIII des *Actes de la Société philologique*, Paris 1894) dans lequel Sayadis devait enfermer l'âme de sa sœur, lorsqu'il serait parvenu à s'en emparer, et remit enfin au jeune guerrier le crâne de la jeune fille, soigneusement empaqueté et qu'en sa qualité de gardien des têtes des morts, la longue chevelure n'avait pas manqué de conserver. Nous ne nous étendrons pas davantage sur la fin malheureuse de l'entreprise du guerrier Iroquois. Elle rappelle de la manière la plus frappante, celle du Chantre royal de Thrace, mais il est curieux de constater chez les riverains du Saint-Laurent le souvenir d'un personnage mystérieux, gardien des crânes des morts et orné d'une longue chevelure. Ce dernier nous rappelle les *Quaquacuitlin* Mexicains qui, comme tous les prêtres de la Nouvelle-Espagne, devaient porter les cheveux longs.

IV. — DU HARAKIRI DES JAPONAIS

Ces termes qui signifient litt. « fente des entrailles » désignent un genre d'opération dans laquelle se manifeste le caractère à la fois héroïque et atroce des insulaires du Japon ; chez lesquels le despotisme le plus impitoyable n'est pas parvenu à émousser le point d'honneur. Lorsqu'un noble Japonais s'était trouvé gravement insulté, il était de bon ton qu'il se fendit le ventre soit avec son sabre, soit avec un petit couteau à lame très tranchante et fabriqué *ad hoc*. C'était une sommation faite à l'insulteur d'avoir à l'imiter, sous peine de déshonneur. Nous y verrons non pas un duel à proprement parler, mais un suicide accompagné d'un défi. A cet égard, on pourrait le rapprocher de ce qui s'appelle chez nous « duel des pharmaciens », mais pour tout le reste, il en diffère grandement. Effectivement, ce dernier genre de lutte ou plutôt de défi, consiste, on le sait, dans la préparation de deux globules, dont un seul empoisonné. Les adversaires tirent au sort celui qu'ils devront absorber. De la sorte, on peut compter qu'il n'y aura qu'une mort à déplorer et que celui qui a amené le bon numéro restera indemne. Au contraire, dans le duel ordinaire, il peut fort bien se faire que les deux combattants se retirent tout au moins blessés. Avec le *Hara-Kiri*, au contraire, offenseur et offensé sont sûrs de leur affaire. On ne résiste pas à une opération de ce genre.

Ajoutons d'ailleurs que cette façon de procéder des Japonais leur est souvent prescrite par la loi (Voy. J. Lamare, *Histoire du Japon*, 2e partie, p. 142, dans le bibliothèque du XIXe siècle ; Paris 1825). Un grand seigneur a-t-il été reconnu coupable d'un crime entraînant peine de mort ou même condamné simplement par un caprice de l'empereur, on lui permettait non seulement de se fendre lui-même l'abdomen, mais encore de se couper la gorge, s'il en avait le temps. C'était « savoir se servir de son sabre quand il le faut », suivant l'expression usitée (Voy. *les Fidèles ronins*, par Tumenaga Shounsoui, trad. par M. Gausseron, chap. XL, p. 365 ; Paris 1882). Reconnaissons dans ces concessions autant de prérogatives regardées comme précieuses et dont l'aristocratie nippone se montrait très fière. Pour elle, on peut le dire sans exagération, savoir se donner la mort à propos, constituait la marque suprême du savoir-vivre. Maintenant, la loi, toujours bienveillante, permettait au condamné de confier la besogne à accomplir à un ami. Il fallait visiblement s'être montré doué d'un bien mauvais caractère pour ne trouver personne qui consentit à vous rendre ce petit service. Cela était compté à la victime comme si elle avait agi elle-même (Voy. Oscar Comettant, *les Civilisations inconnues, le Japon*, ch. VII, p. 239 ; Paris 1863). C'est que le *Harakiri* avait une conséquence importante pour la famille du suicidé. Il la mettait à l'abri de tout châtiment ultérieur, sauf peut-être le bannissement. La réputation du suicidé n'était pas trop atteinte, quelque chose qu'il eût fait et les siens ne pouvaient l'accuser de les avoir déshonorés, bien au contraire. En revanche, le condamné avait-il obstinément refusé soit de se tuer, soit de se laisser massacrer, on confisquait ses biens. Sa femme et ses filles étaient jetées dans une maison de prostitution. Enfin, si parfois on lui laissait la vie, afin que son exemple pût profiter à d'autres, il en était réduit à mendier, par les rues, la tête toute recouverte d'une sorte de coeffe descendant jusqu'au menton. On le voyait ainsi solliciter la charité des passants en jouant de la double flûte.

Ajoutons enfin que le *Harakiri* était de rigueur, pour le commandant d'une place forte qui n'avait pu la défendre contre l'ennemi, moyen excellent de prévenir la trahison. Bien que le point d'honneur ne soit pas très développé chez les Chinois d'aujourd'hui, c'est cependant au Céleste Empire que les Nippons semblent avoir pris la pratique de se percer ainsi le flanc.

Ainsi, lorsque les alliés au moment de la guerre Anglo-Française pénètrèrent dans les forts de Takou, ils trouvèrent le mandarin chargé de les défendre, le ventre ouvert et expirant. Du reste, une sorte de tolérance paraît accordée en Chine, quant à la façon de se détruire. Ainsi, le gouverneur de Kasghar, lors de la révolte des Mahométans, voyant qu'il ne pouvait plus conserver cette place à l'Empire, préféra se faire sauter au moyen d'un baril de poudre. En tout cas, que cette manière d'en finir soit ou non d'invention Chinoise, on ne saurait nier qu'elle n'ait joui d'une vogue toute spéciale dans l'archipel du soleil levant et quelqu'horreur qu'elle inspire, on ne contestera pas son cachet de grandeur.

Alençon. — Imprimerie Alençonnaise 11, Rue des Marcheries.

www.ingramcontent.com/pod-product-compliance
Lightning Source LLC
LaVergne TN
LVHW021716230826
846091LV00006BA/2199

* 9 7 8 2 0 1 3 2 6 4 6 0 0 *